MW01709717

100 idées magiques pour comprendre les parents

HACHETTE
Jeunesse

Série créée par Elisabetta Gnome.

Publié pour la première fois par Buena Vista sous le titre
Cento magie per capire i genitori.

Adaptation française : Maria Grazzini

ISBN : 201224624 9
Dépôt légal : 57253 - mars 2005
Loi n° 49-956 du 16 juillet 1949 sur les publications destinées
à la jeunesse.
Imprimé en France par Jean-Lamour.

Sommaire

chapitre UN

Je les adore, mais...

VIE DE WITCH

Dimanche après-midi, chez Hay Lin

I : Je te jure, ils sont insupportables !

W : Mais de qui parles-tu ?

I : D'après toi, de qui une ado peut-elle dire ça ?

T : De ses parents, évidemment !

H : Des parents qui disent toujours « non » !

W : Qui entrent dans ta chambre sans frapper juste au moment où tu passes le coup de fil de ta vie !

H : Qui au petit matin te disent mille fois de te dépêcher, alors que tu dors encore...

T : Et qui te stressent, quand tu prends ton petit-déjeuner, pour que tu coures te laver les dents !

I : Ce que vous dites me console un peu…

Je vous reçois 5 sur 5 !

W : C'est normal qu'on se comprenne, les parents sont tous pareils. Que s'est-il passé cette fois ? Raconte !

I : Ma mère revient à la charge avec son idée que ce n'est pas normal qu'à mon âge je ne fasse pas de sport. Elle a donc décidé de me proposer la piscine. Vous m'imaginez en train de patauger dans l'eau comme une grenouille ?

C : J'ai du mal à croire que ta mère puisse te faire une proposition si cruelle… Comment peut-elle ignorer l'effort musculaire constant que tu imposes à tes oreilles en écoutant de la musique ? Ça ne fait pas encore partie des disciplines olympiques, mais quand même !

W : Allons, Irma ! Tu exagères, comme d'habitude. Nager, c'est beau et amusant. Tes parents voudraient seulement que tu sois moins paresseuse, ce n'est pas si grave au fond !

I : Mais si, c'est grave ! Moi, je vis très bien avec ma paresse ! C'est comme ça, c'est ma nature.

W : Il faut quand même bouger, dans la vie !

I : Il paraît, oui… Je sais, c'est sans issue. Déjà à la maison, on me met tout le temps la pression. J'imagine déjà ma mère, le chronomètre à la main, me traîner aux compétitions de natation, puis visiter tous les aquariums de la planète et sélectionner les hôtels avec piscines olympiques, pour nos vacances… Argh, quelle horreur ! Je vois très bien comment cela peut se passer et ma réponse est claire : non, non et non !

H : Quoi qu'il en soit, c'est un grand classique : les parents, des fois, se mettent en tête de décider à notre place !

C : Ils sont convaincus de savoir mieux que nous ce qu'il nous faut.

T : Alors qu'ils nous connaissent à peine…

W : Du calme, les filles ! Il doit bien y avoir des côtés positifs dans tout ça !

T : J'ai beau y réfléchir… il n'y a rien qui me vienne à l'esprit !

W : Enfin, je veux dire… c'est vrai que les parents sont champions pour nous énerver, mais il est vrai aussi que souvent ils se mettent en quatre pour nous aider !

Le cœur de KANDRAKAR te dit que…

Avec les parents, il y a toujours des hauts et des bas, c'est inévitable. Mais au-delà des petites disputes et incompréhensions diverses, ce qui vous soude est un amour profond. Ne l'oublie jamais, surtout dans les périodes difficiles !

Si tes parents sont particulièrement stricts et exigeants, efforce-toi de gagner leur confiance. Tu verras, les choses vont sûrement s'améliorer.

Est-ce que vous vous souvenez, par exemple, du jour où nous étions invitées à la fête chez Fiona ?
La « terrible » maman de Taranee, même si elle venait juste de rentrer du tribunal, morte de fatigue, nous a quand même accompagnées en voiture à l'autre bout de la ville, avec en prime une heure d'embouteillage !

Les filles acquiescent, sauf Taranee qui secoue la tête, dubitative.

T : Je crois qu'elle l'a fait surtout parce qu'elle ne se sentait pas de nous laisser y aller seules !

W : D'accord, c'était peut-être par « devoir maternel », mais c'est vrai aussi que les parents sont toujours là pour nous soutenir, quand on n'a pas le moral !

I : Pense, plutôt, au temps qu'ils consacrent à nous le démolir, le moral !

WITCH JOURNAL

CINQ IDÉES POUR BIEN S'ENTENDRE AVEC SES PARENTS

I : Après une dispute, je pense à ce que j'aime le plus chez eux.

W : Je m'efforce de me calmer, au lieu de m'énerver.

T : Tout bien réfléchi, Will a quand même raison. Parfois, les parents sont vraiment irremplaçables.

C : C'est vrai. Le mois dernier, par exemple, quand j'ai eu beaucoup de fièvre, ma mère a été adorable. Avec l'excuse que je ne pouvais pas me lever parce que j'étais malade, je l'appelais au moins 100 fois par jour… et elle, toujours souriante, serviable, de bonne humeur. Sauf quand j'exagérais, bien sûr !

I : Comme je la comprends, la pauvre !

C : Qu'est-ce que tu veux dire ?

I : Sans avoir de la fièvre, tu es déjà comme ça. J'imagine le calvaire quand, en plus, tu es malade…

C : Tu sais quoi, Irma ? J'espère du fond du cœur que tes parents t'inscriront à un cours de natation 5 fois par semaine !

T : Quand j'ai des problèmes avec eux, je demande conseil à Peter.

H : Je parle beaucoup avec eux.

C : J'essaie toujours de leur faire comprendre mon point de vue.

chapitre **deux**

Parents pour tous les goûts !

Vie de Witch

Dimanche après-midi, chez Hay Lin

I : Voilà un travail pour moi !

H : Qu'est-ce qui t'enthousiasme tant, Irma ?

I : Je suis chargée de faire un sondage pour le journal de l'école, pour en tirer les portraits-robots des « mamans et papas types ».

H : Génial ! Enfin, c'est à nous de dire ce que nous pensons d'eux !

I : Une super-occasion dans tous les sens, car le premier interviewé est le super beau blond de 3e D !

L'article est prêt le soir même.

I : Les élèves de l'Institut Sheffield se sont révélés très compétents en matière de parents. Lisez mon texte et dites-moi ce que vous en pensez.

Portraits-robots de parents types

Chères lectrices, chers lecteurs, le sujet de ce numéro nous concerne tous de près : les parents. D'habitude, ce sont eux qui parlent de nous, de nos qualités et de nos défauts, qui font le récit de nos exploits et de nos bêtises.
Mais qu'ont-ils à dire, les enfants, de leurs parents ?
Y a-t-il des typologies de parents ? Pour le découvrir, nous avons fait appel à des experts en la matière : les élèves de l'Institut Sheffield. Leurs réponses nous ont permis de tracer les portraits-robots, parfois désopilants, de quelques couples types de maman et papa. Les voici en exclusivité.

Maman au foyer et papa dans les affaires

Elle est toujours affairée. D'une main elle fait le lit, de l'autre elle touille le plat qui mijote sur le feu, d'une oreille elle écoute les peines de cœur de sa grande fille, de l'autre elle « réceptionne » les milliers de décibels de la musique du fiston.
Lui travaille énormément et est toujours fatigué. Quand il rentre le soir, éreinté par une journée au bureau, il apprécierait une atmosphère calme et la télécommande télé à sa disposition. Tout cela est, évidemment, du domaine du rêve…

Maman business et papa d'intérieur

Elle a un job très important. Constamment pendue à son portable qui sonne comme une centrale téléphonique, elle fait des apparitions à la maison aux horaires les plus étranges. On peut l'apercevoir très tard le soir ou avant l'aube !

Lui, dès qu'il quitte son travail, se transforme en super héros du foyer. Il s'occupe de tout et de tout le monde, y compris du cochon d'Inde. Affairé comme il est, il ne cuisine pas comme un chef, mais après tout les plats surgelés sont là pour ça !

Maman « tout bio » et papa « frites etc. »

Elle adore la nourriture saine et naturelle : salades d'algues, tofu et pousses de bambous, ne manquent jamais au menu. Impossible, en revanche, de trouver à la maison un croissant pur beurre : toutes les friandises sont bio, de préférence au soja.

Lui ne mangerait que des plats en sauce, ultra-riches en matières grasses, ou des friandises cent pour cent colorants industriels. Pour se consoler, il cache des « produits interdits » aux endroits les plus insensés – ce qui donne lieu à de véritables chasses au trésor avec les enfants pour s'emparer de la dernière chips !

Maman anti-poussière et papa désordonné

Elle se bat constamment contre le désordre et la saleté. Elle voit tout : une miette microscopique n'échappe pas à son œil de lynx. À l'approche du grand ménage de printemps elle est carrément redoutable. À cette époque, elle met sens dessus dessous la maison tout entière, mari et enfants compris !

Lui attire les taches comme un aimant. Il est maladivement incapable de ranger quoi que ce soit. C'est plus fort que lui : il salit là où sa femme a nettoyé, met le bazar là où elle a tout rangé et vice versa, dans une sorte de jeu de ping-pong ou chacun tape systématiquement sur les nerfs de l'autre. À part ça, ils s'adorent.

Maman sportive et papa pantouflard

Elle pratique toutes sortes de sports, du ski au parapente. Tout prétexte est bon pour faire un peu d'exercice. Sur la plage, elle travaille ses abdos tout en faisant bronzette.

Lui bat tous les records de durée de… sieste dans son fauteuil ! Dommage que la discipline ne soit pas encore reconnue aux Jeux olympiques. Il serait capable de rafler toutes les médailles d'or !

Une fois l'article terminé...

I : Qu'en pensez-vous, les filles ?
W : Excellent travail, Irma. Tes portraits tapent en plein dans le mille !

I : Bien sûr, ce ne sont que des caricatures. Dans la réalité, ils ne sont pas exactement comme ça.

C : C'est vrai. Parfois, on rencontre des hybrides du genre « maman business tout bio » ou bien « papa dans les affaires et désordonné». Les miens, par exemple, sont un mélange de presque toutes les catégories.

H : Bref, les parents c'est vraiment compliqué. On ne peut même pas les classer par typologies !

W : Sans compter qu'ils ne sont pas toujours pareils. Parfois, ma mère est littéralement allergique à mon désordre, alors qu'à d'autres moments elle ne le remarque même pas !

I : Idem, pour mes parents. On dirait qu'ils changent avec le temps !

C : Hem... je suis désolée de vous le dire, mais... en cela les parents nous ressemblent énormément !

chapitre **trois**

Les parents des autres

Vie de Witch

Lundi matin, à l'institut Sheffield, avant le début des cours

W : Il est presque l'heure d'entrer en classe et je ne vois pas Taranee… Où est-elle passée ?

H : La voilà qui arrive. Elle fait une tête… !

I : Qu'est-ce qui t'arrive ? Vous avez été cambriolés et on t'a volé ton appareil photo ?

W : Laisse tomber, Irma. Tu ne vois pas qu'elle est furieuse ?

T : Vous le seriez aussi, avec une mère comme la mienne. Ce matin, je n'avais pas encore ouvert les yeux qu'elle m'engueulait déjà parce que je suis trop désordonnée. Tu parles d'un réveil !

I : Si ça peut te consoler, la mienne fait ça tous les jours, week-end compris !

T : Oui, mais toi, parfois, tu arrives à lui faire entendre raison. Avec la mienne, c'est carrément…

mission impossible !

I : Personnellement, je n'ai pas l'impression que ta mère soit si pénible que ça. Je me souviens d'une fois où tu lui avais parlé d'une encyclopédie de la photographie : deux jours après, tu l'avais dans ta chambre. Qu'est-ce que j'ai pu t'envier ! Ma mère ne battra jamais ce genre de record !

T : Je te signale que l'encyclopédie était la récompense pour une excellente note en maths. Quant aux records, ma mère en bat aussi d'autres qui sont beaucoup moins drôles…

I : N'empêche que j'ai toujours rêvé d'avoir une mère qui exauce tous mes vœux !

C : C'est ça ! Je vous présente la princesse Irma, mieux connue sous le nom de « Tout-le-monde-à-mes-pieds » !

W : Et moi, alors, qu'est-ce que je devrais dire ? Ça fait des mois que j'essaie de convaincre ma mère de m'acheter un sac en forme de grenouille que j'ai vu dans un magasin. Elle ne veut pas en entendre parler !

I : Je la comprends ! Ras le bol des grenouilles !

W : Ce n'est pas du jeu ! Tu lui donnes raison !

I (en riant) : Je te proposais juste de changer d'animal fétiche ! Demande-lui un sac en forme d'ornithorynque. Elle sera peut-être d'accord !

H : Arrêtez un peu ! Parfois, les parents sont vraiment super !

C : Qui par exemple ?

Donne les noms !

H : Le père de Susy et la maman de Cornelia. J'adore le père de Susy...

<u>La réaction des filles est immédiate et plutôt bruyante.</u>

I, W, C : Le père de Susy ! Taranee, donne-lui vite l'adresse de ton ophtalmo, Hay Lin a un besoin urgent de lunettes de vue !

Le cœur de KANDRAKAR te dit que...

On se confie plus facilement à une personne étrangère à sa famille qu'à ses propres parents. En effet, les mamans des autres peuvent te donner des conseils, mais pas t'interdire quoi que ce soit. Ce qui les rend particulièrement appréciables.

Par conséquent, il est facile de penser que les parents des autres sont parfaits. Or, les parents parfaits n'existent pas ; et si tu t'entends si bien avec eux, c'est justement parce que tu n'es pas leur fille. Si tu l'étais, tu découvrirais qu'ils ont des défauts comme tout le monde.

H : Mais qu'est-ce que vous avez compris ? Je l'adore parce que c'est un type génial ! Il est prof de dessin et peint super bien. Un jour que j'étais chez Susy, il m'a montré ses tableaux et a passé un temps fou à m'expliquer des tas de choses sur la technique... C'était géant !

C : Et ma mère, alors ? Je suis curieuse de savoir ce que tu lui trouves d'extraordinaire !

H : C'est la seule personne qui me prenne au sérieux quand je lui parle de science-fiction !

C : Forcément ! Quand elle était plus jeune, c'était une de ses grandes passions. Encore aujourd'hui, dès qu'elle commence à en parler, on ne peut plus l'arrêter... une horreur !

H : Mais moi, j'adore ! La semaine dernière elle me parlait de *L'Invasion des crabes mutants,* un film qui est un grand classique du genre et que je rêve de voir depuis toujours. Tu es arrivée juste au moment le plus passionnant, Cornelia...

C : Désolée, je ne pouvais pas savoir que tu aimes être prise en otage par les conversations de ma mère !

Tous ses souvenirs, c'est d'un ennui mortel ! Mais tout bien réfléchi, ma mère doit forcément être quelqu'un de très bien : de qui aurais-je hérité de mon charme, sinon ?

I : Oh, là, là ! Arrête un peu...

T : Moi, j'aime beaucoup la maman de Zoé parce qu'elle adore les animaux et lui permet d'en avoir plein à la maison. Les parents de Danny aussi sont super : ils voyagent tellement que Danny, à son âge, a déjà fait le tour du monde !

W : C'est quand même bizarre... On dirait que les parents des autres sont toujours géniaux, alors que les nôtres sont une catastrophe ! Pourtant, moi qui critique souvent ma mère, j'aurais du mal à accepter que quelqu'un d'autre le fasse...

C : Vous savez quoi ? Je suis persuadée qu'au fond nous ressemblons à nos parents beaucoup plus que nous ne l'imaginons. Alors, doucement avec les critiques. Il en va de notre réputation !

T : Mon père dit toujours que je me dispute avec maman parce que nous nous ressemblons comme deux gouttes d'eau. N'empêche que parfois c'est vraiment difficile.

W : Ça va passer. Il y a toujours des hauts et des bas.

H : Rassure-toi, Taranee.

T : En êtes-vous vraiment sûres ? Personnellement, je vois bien les bas mais...

pas vraiment les hauts !

Comment faire si...

Tu as l'impression que tes amies apprécient davantage la conversation de tes parents que la tienne ?

- Invite tes copines quand tes parents sont sortis !
- Dis-leur que tu as des révélations top secret à leur faire. Elles te suivront dans ta chambre sur-le-champ !

Tes amies critiquent toujours tes parents ?

- Fais-leur comprendre que ça te blesse.
- C'est peut-être toi qui te plains trop de tes parents avec elles. Dans ce cas, commence à évoquer aussi leurs bons côtés.

Tu aimerais que tes parents ressemblent davantage à ceux d'une de tes copines ?

- Fais en sorte que vos familles se rencontrent. Si les parents sympathisent, tu pourrais proposer des vacances ensemble. S'ils acceptent, tu es sûre de passer un été fantastique !
- Dis à tes parents ce que tu apprécies chez ceux de ta copines, mais... gare à ne pas les rendre jaloux !
- Tes parents ont forcément quelque chose que tu aimes beaucoup. Alors, évite de te plaindre trop souvent !

chapitre quatre

Pourvu qu'ils disent « oui » !

VIE DE WITCH

Vendredi après-midi, Irma est au téléphone avec Hay Lin.

I : Hay Lin, tu es au courant de la super-nouvelle ?

H : Non, laquelle ?

I : Je viens d'entendre à la radio que Karmilla passe en concert à Heatherfield, la semaine prochaine ! Nous ne pouvons pas rater ça ! Le problème, ça va être de convaincre les parents : le concert est prévu pour mercredi soir !

H : Quelle déveine ! Le lendemain il y a école, ce sera la croix et la bannière...

I : Moi, je m'y mets tout de suite... À plus tard !

Irma va rejoindre sa mère à la cuisine.

I : Mmm, ça sent bon ! Qu'est-ce que tu prépares à dîner ? Je peux t'aider ?

Drôles de WITCH

Réponses amusantes à toutes les questions

J'aimerais que mes parents me permettent de rentrer une heure plus tard.

Il suffit d'attendre l'heure d'été !

Comment les parents peuvent-ils être si imperturbables quand ils disent « non » ?

Des années et des années d'entraînement...

Je suis prête à tout pour avoir la permission d'aller à ce concert...

Même à manger tous tes légumes : brocolis, épinards et haricots verts.

Comment être sûre d'obtenir toujours une réponse favorable ?

Demande-leur de dire « oui » avant de poser la question...

M : Crache le morceau, Irma. Je t'écoute.

I : Hem... pourquoi tu dis ça ?

M : Je connais par cœur tes tentatives de m'attendrir quand tu as quelque chose à me demander.

I : [Glups, elle est plus futée que je ne le pensais. Mieux vaut tenter une attaque directe.]
Mais non ! Que vas-tu imaginer ? C'est seulement que je suis super contente parce que Karmilla passe en concert à Heatherfield la semaine prochaine...

M : Et tu aimerais bien y aller, n'est-ce pas ?

I : Ah, je t'adore, maman, quand tu me comprends au quart de tour ! Alors, c'est bon, j'ai ta permission ?

M : Un instant : c'est quand le concert ?

I : Euh... le 4, je crois...

M : Et c'est quel jour de la semaine ?

I : Je ne me souviens plus. J'ai regardé, pourtant...

M : Irma, s'il te plaît ! Je suis sûre que tu sais tout de ce concert : le jour, l'heure, le prix du billet, comment s'habillera Karmilla et de quelle manière tu aimerais, toi, t'habiller.

I : Oui, en effet, maintenant que j'y pense, il me semble que c'est un mercredi, mais...

M : L'après-midi, j'espère ?

I : Pas tout à fait ! Disons que ça commence à 8 heures... du soir !

M : Et l'école le lendemain ?

I : Je jure que je serai ponctuelle comme jamais ! Et puis... et puis... je ferai la vaisselle toute la semaine, un mois entier, toute l'année si nécessaire !

M : Irma...

I : Je prendrai des cours de massage et te masserai tous les jours, pour le restant de ma vie. Je n'occuperai plus jamais la salle de bains plus de trente minutes, promis juré ! Maman, dis-moi « oui » ou je serai malheureuse pour l'éternité !

M : Arrête et laisse-moi parler ! D'abord, il faut voir avec les autres parents, car j'imagine que tu veux y aller avec tes copines. Ensuite, si tout le monde est d'accord, il faudra choisir « l'heureux élu » qui vous accompagnera au concert. Tu pourrais en toucher un mot à papa.

I : S'il est d'accord pour nous attendre dans la voiture...

M : Pas dans la voiture : à l'intérieur, près de vous, du début à la fin !

I : Non, pitié ! Si papa est là, ce ne sera pas pareil... Au milieu d'une foule de jeunes, il pourrait avoir l'idée de faire le jeune, lui aussi...

S'il se mettait à danser, ce serait la honte jusqu'à la fin de mes jours. Tu le connais, il serait capable de le faire ! Non, maman, je t'en prie, ne me fais pas ça !

M : Irma, tu n'as pas encore mon autorisation et tu te permets déjà de mettre tes conditions ?

I : D'accord, je me tais, mais… seulement si papa s'assoit à cent mille fauteuils de nous !

M : Il s'assiéra là où il pourra vous avoir à l'œil pendant tout le concert, petite jeune fille !

I : D'accord. J'accepte tout, pourvu que j'aille au concert. Je file le dire aux autres !

M : Irma, redescends sur terre ! Tu n'as rien à dire aux autres, tant que je n'aurai pas parlé de cela à ton père. Nous allons sûrement te permettre d'y aller, à condition…

I : À condition… ?
[Le chantage, comme d'habitude…]

M : Si je ne me trompe, le semaine prochaine tu as un contrôle de maths et ta dernière note était loin d'être bonne…

I : Et donc ?

M : Disons qu'une bonne note au contrôle t'aiderait à gagner ta place de concert !

I : Vite, mes livres de maths, des cours de soutien, je suis prête à travailler comme une forcenée ! Karmilla, attends-moi ! C'est moi, Irma, le futur génie des mathématiques !

Conseils de Witch

Comment obtenir une permission exceptionnelle

- Le désordre est ton plus grand défaut ? Métamorphose ta chambre, autrement dit : range-la ! Montre le résultat à tes parents et demande-leur si en échange tu pourrais...
- Fais en sorte d'avoir une super bonne note dans ta matière la plus faible.
- Essaie de négocier : tu es prête à renoncer à deux sorties normales, s'ils t'accordent cette permission spéciale.
- Montre-leur que tu es consciente qu'il s'agit d'une exception. Par conséquent, mets-y les formes et choisis un ton calme et paisible.

chapitre **cinq**

L'éternel combat des horaires

VIE DE WITCH

Lundi matin à l'école, au début de la récréation

W : Alors, Corny, comment ça s'est passé hier soir ? Pas trop fâchés, les parents, pour ton retard ?

C : Fâchés ? Furieux, tu veux dire. Je suis arrivée à 22 heures – c'est-à-dire avec une petite demi-heure de retard – et ils me sont tombés dessus, comme si j'étais rentrée au petit matin ! Ils savaient, pourtant, que j'étais avec vous à la fête chez Karin. Que pouvait-il bien m'arriver ?

H : Tu les connais ! Pour eux, le danger est toujours au coin de la rue !

C : En plus, ce n'était pas ma faute. Les parents de Susy étaient en retard...

Selon mes parents, j'aurais dû les prévenir malgré tout. Vous m'imaginez en train de téléphoner à maman et papa au beau milieu d'une fête avec la musique à fond et...

I : Un super beau gosse qui ne te lâche pas depuis le début de la soirée !

C : Exactement ! Toujours est-il qu'ils étaient...

furax !

T : Voyons si je devine les représailles : diminution de l'argent de poche, sorties annulées, plus de fêtes pendant des siècles... Bref, les coups bas habituels !

C : Pour commencer, ils m'ont interdit de sortir le soir pendant au moins un mois. « Après, on verra », a dit mon père. Mais le pire, c'est qu'ils ne m'adressent plus la parole. À la maison la tension est palpable...

Quel stress !

H, W : Ça arrive à tout le monde, tôt ou tard.

I : Les parents sont de véritables maniaques des horaires...

H : En plus, malgré les punitions et les engueulades, c'est vraiment dur de les respecter. Parfois, on ne le fait pas exprès...

Quand on sort avec les copines, le temps passe trop vite, c'est impossible de ne pas être en retard ! Les parents ne pourront jamais comprendre cela. On dirait presque que pour eux ce n'est pas bien de s'amuser !

I : Sans parler de quand on essaie de leur expliquer ce qui s'est passé. . Comme si les imprévus n'existaient pas !

H : Le fait est que les parents ne peuvent pas s'empêcher de s'inquiéter. Quand j'arrive en retard, ma mère me fait systématiquement la liste de tout ce qui aurait pu m'arriver comme catastrophes. Pourquoi ne pense-t-elle pas à la raison la plus simple du monde, c'est-à-dire que je m'amuse ?

Le cœur de KANDRAKAR te dit que...

Celui des horaires est un sujet qui tient particulièrement à cœur aux parents. Pour éviter de créer des tensions inutiles, cherche à définir clairement avec eux les règles à respecter.

Évite les disputes quotidiennes pour grappiller quelques minutes de plus. Au contraire, efforce-toi de respecter les accords et préviens-les toujours en cas de retard (exceptionnel !) : tu gagneras leur confiance. Cela te servira à l'occasion d'une sortie un peu spéciale : tu seras en meilleure position pour « négocier » l'horaire de retour.

<u>Taranee suit la conversation en silence, puis...</u>

T : Bien sûr je vous comprends, les filles, mais... Je me souviens d'une fois où mon père est rentré très tard sans nous prévenir. Ma mère était hyper inquiète, parce que normalement il est toujours à l'heure. Au début, j'essayais de dédramatiser la situation, mais à la fin j'étais encore plus angoissée qu'elle.

I : Que s'était-il passé ?

T : Laisse tomber ! Papa aurait mérité...

une bonne fessée !

Il est rentré à la maison avec plus de deux heures de retard, tout content et guilleret. J'ai été soulagée de le voir, mais quand il nous a expliqué ce qui s'était passé, je l'aurais étranglé !

W : Où était-il passé ?

T : Il avait rencontré un vieux copain et ils avaient bavardé un moment ensemble. Il n'avait pas appelé,

parce qu'il avait oublié son portable au bureau… Comme si les cabines téléphoniques n'existaient plus !

I : Taranee, tu parles comme ta mère !

__Taranee a l'impression que ses amies la regardent comme une extraterrestre.__

T : Vous ne pouvez pas comprendre…

Il faut vivre ce genre de situations pour comprendre ce que cela signifie. Plus le temps passe, plus l'imagination galope : maman, Peter et moi avons risqué un infarctus à cause du stress, pendant que lui s'amusait avec son ami ! Passer un coup de fil, ce n'est pas grand-chose, vous ne trouvez pas ?

I : Alors, tu l'as puni ? Tu aurais dû lui dire : « Papa, pas de sorties pendant une semaine… après on verra ! » Na !

T : Je peux t'assurer que ma mère s'en est chargée ! Depuis ce jour-là, j'essaie toujours de rentrer à l'heure prévue. Et si je vois que je vais être en retard, j'appelle aussitôt.

H : Mais parfois c'est imprévisible ! Il y a des moments où tout est si parfait qu'il est impossible de dire : « Bon, les filles, assez de rire et de nous amuser, il faut rentrer. »

T : Dans ce cas, tu peux toujours appeler pour demander si tu peux rester un peu plus !

H : Ça t'est déjà arrivé qu'ils te répondent « oui » ? Moi, jamais ! Au contraire, si j'appelle, ma mère me dit de rentrer…

immédiatement !

W : Taranee a quand même raison. Pour ce qui est des horaires, il vaut mieux être conciliantes et nous efforcer de les respecter ou prévenir les parents. De toute façon, nous en payons nous-mêmes les conséquences avec des interdictions de sortie…

I : À propos de sorties : samedi soir, il y a une autre fête chez une fille de 5e F et elle nous a toutes invitées. C'est O.K. pour tout le monde ?

Les filles regardent en silence Cornelia contrainte à la réclusion.

C : Désolée, les filles, j'ai déjà autre chose…

W : Ah bon ! Où ça ?

C : Dans ma chambre : c'est le jour de ma série télé préférée. Je ne rate jamais un épisode ! Si vous voulez, je vous garde des places au premier rang…

I, W, T, H : À vrai dire…

C : Mais non, c'était pour rire ! Tout est déjà réservé !

Conseils de Witch

Techniques infaillibles anti-retard

- Sors toujours équipée d'une montre (à l'heure !) et souviens-toi de jeter un petit coup d'œil au cadran, de temps en temps.
- Pour connaître le bon moment de rentrer, calcule les imprévus éventuels (embouteillages, retard du bus, etc.).
- Prends toujours avec toi une carte téléphonique ou un portable chargé. Appelle pour prévenir avant d'être en retard.
- Si tu es avec une amie qui va arriver chez elle avant toi, demande-lui d'appeler tes parents.
- Quand tu disposes de peu de temps, n'accepte pas de rendez-vous trop loin de chez toi.
- Si tu n'as pas suivi ces conseils et tu es en retard, il te reste une dernière chose à faire… courir !

chapitre **SIX**

Le courage d'avouer...

Journal de Taranee

Samedi 10 mai

Me voilà dans de beaux draps ! *Aujourd'hui à déjeuner, papa m'a demandé si je savais quelque chose de ce qui est arrivé au système d'arrosage des Neil, nos voisins. Je n'aime pas mentir, mais comment lui avouer que c'est ma faute s'il est cassé ? Ça doit coûter une fortune !*

En fait, voici ce qui s'est passé : Irma, Hay Lin et moi étions en train de bavarder tranquillement ; Hay Lin nous montrait un dessin qu'Eric lui a offert (fait exprès pour elle !), quand un coup de vent l'a fait voler dans le jardin des Niel. Nous voilà donc parties pour le récupérer...

Nous grimpions par-dessus le muret, quand Irma, notre gazelle nationale, est tombée sur le système d'arrosage et l'a cassé ! Juste la veille, j'avais entendu Mme Niel dire à maman combien cette installation avait été coûteuse, mais aussi à quel point elle était formidable et ultra-pratique pour bien entretenir les plantes de leur superbe jardin. Quelle catastrophe !

Dimanche 11 mai

J'ai parlé aux filles de mon problème et des questions de mon père. Will pense que nous devrions dire la vérité et aller voir mes parents toutes ensemble : elles ne me laissent pas seule ! Irma avouera que c'est elle qui a cassé ce machin, mais je sais que ça ne va pas calmer mon père : pour lui, la responsable c'est moi, de toute façon ! Je ne sais pas quoi faire…

Le soir

Quand j'étais petite, j'ai cassé un vase qui nous venait de ma grand-mère. Cette fois-là non plus, je n'ai pas avoué tout de suite : j'avais peur parce que je savais que maman y tenait énormément. J'ai quand même fini par dire la vérité. C'est alors que j'ai découvert que mon père savait déjà tout, car il m'avait vue le casser. Alors, au lieu de se mettre en colère, il m'a prise dans ses bras et m'a dit qu'il était fier de moi parce que j'avais trouvé le courage d'avouer. Aujourd'hui aussi, probablement, je devrais faire la même chose, mais tout me paraît beaucoup plus difficile…

D'abord, je ne suis plus une petite fille et ensuite... nous avons affaire à des gens extérieurs. Combien mes parents auront-ils à débourser si j'avoue ? Je suis si mal à l'aise ! Je culpabilise et je ne sais pas comment m'en sortir.

<u>Lundi 12 mai</u>

La situation s'aggrave de jour en jour : je panique *carrément ! Ma mère a dit que les voisins sont convaincus que c'est la faute du chien des Mullen, parce qu'il saute souvent les murets et fait parfois des dégâts dans les jardins voisins. Bref, ce soir les Niel ont décidé d'aller voir les Mullen pour tirer au clair la situation et obtenir un dédommagement. Je ne peux pas permettre que des innocents soient accusés à ma place ! Il faut que j'en parle aux Witch au plus vite...*

Le cœur de KANDRAKAR te dit que...

Les parents sont souvent plus compréhensifs qu'on ne l'imagine. Mentir par crainte de leur réaction, c'est concevable, mais aussi un peu malhonnête et tout compte fait... très fatigant ! On vit dans la peur d'être démasqué !

Instaurer un rapport honnête et franc avec tes parents est la meilleure des choses. Il vaut mieux se faire disputer une fois pour toutes que vivre dans le remords et la culpabilité.

Après-midi

Ma décision est prise : toutes à l'heure, toutes ensemble, nous allons tout raconter à mes parents. Je suis soulagée rien qu'à l'idée. Advienne que pourra...

Mardi 13 mai

Ça y est, c'est fini. Hier, nous avons tout avoué ! Au fond, ça aurait pu moins bien se passer... Certes, mes parents se sont mis en colère, surtout parce que nous ne l'avons pas dit tout de suite, mais ils ont quand même apprécié le fait que nous trouvions le courage de parler avant que des innocents ne soient accusés. Les Witch ont proposé de casser leurs tirelires respectives pour aider mes parents à rembourser les Niel. En plus, papa a instauré des corvées d'arrosage manuel, tant que la machine ne sera pas réparée. Les filles et moi devrons arroser leur jardin qui déborde de fleurs, d'arbustes, de haies, d'arbres, de pelouses... Argh, au secours !

Jeudi 15 mai

Aujourd'hui, première corvée : Hay Lin et moi. Quel cauchemar ! Mme Niel nous a suivies pas à pas pour nous rappeler d'arroser le moindre centimètre carré. Pour elle, même les orties ont droit à leur part d'eau... Temps nécessaire : une heure et quart. Dommage qu'Irma ne puisse pas utiliser ses pouvoirs sur l'eau pour nous sortir de ce pétrin ! On pourrait peut-être essayer avec une danse de la pluie...

Conseils de Witch

Comment avouer sans trop se faire gronder

- Choisis un moment où la maison est au calme et tes parents sont de bonne humeur.
- Évite de vider ton sac dès leur retour le soir, quand ils sont stressés et fatigués par une journée de travail. Laisse-leur le temps de se détendre un peu.
- Va tout de suite à l'essentiel, puis dis-leur que tu es désolée de ce qui s'est passé.
- Si tes parents se mettent en colère, ne réagis pas immédiatement : laisse-leur un peu de temps pour « digérer » la nouvelle !
- Commence par proposer des solutions pour réparer les éventuels dégâts occasionnés.

chapitre **sept**

Stratégies pour se faire pardonner

VIE DE WITCH

Dimanche matin, le téléphone sonne chez Hay Lin.

T : Hay Lin, je t'en prie, réponds...

H (avec une voix pleine de sommeil) : Allô ?

T : Salut, c'est Taranee ! Heureusement que tu es là !

H : Où voulais-tu que je sois un dimanche à huit heures du matin ? J'espère que tu as une excellente raison de me réveiller à cette heure-ci !

T : J'ai un problème... un GROS problème !

H : O.K., message reçu. J'arrive !

T : Merci, merci, MERCI !

Chez Taranee, Hay Lin retrouve les Witch au grand complet.

H : Dis donc, c'était une réunion urgente, alors !

C : Super urgente. Taranee en a fait une belle !

Drôles de WITCH

Réponses amusantes à toutes les questions

Ma mère me fait la tête et moi je boude. Qui va gagner ?

Les fabricants de crèmes anti-rides.

Comment détendre des parents furieux ?

Une séance de kiné, peut-être.

J'ai rayé la voiture de papa avec mon vélo. Comment faire pour le lui avouer ?

Envoie-lui un SMS. Depuis l'autre bout du monde.

Comment éviter une dispute que je sens venir ?

Déguerpis avant qu'elle n'arrive.

Et si je ne peux pas m'enfuir : je m'enferme dans ma chambre ?

Si tu as une porte blindée, oui !

W : Ses parents l'ont surprise en flagrant délit ! Hier après-midi, contrairement à ce qu'elle leur avait dit, Taranee n'a pas été voir le match de volley de l'école... Ils l'ont vue en centre-ville, la main dans la main avec Nigel...

Ils sont furieux !

H : Sont-ils dans les parages, ce matin ? Je n'aimerais pas les croiser en ce moment...

T : Non, pas de problèmes. Ils ne rentreront que pour le déjeuner. Ils sont vraiment en colère : ils m'ont dit que je les ai déçus, que j'ai trahi leur confiance... Bref, ils l'ont très mal pris. Je crains une période bien noire !

I : Rassure-toi, Taranee. Tu as l'impression que tu ne t'en sortiras jamais, mais moi j'ai une solution pour toi...

Un « plan anti-cata » !

T : Et en quoi ça consiste ?

I : Toute une série de règles de survie pour les périodes difficiles. Il en existe pour toute sorte de situation.

T : Hum... Vas-y, donne un exemple.

I : Cela dépend du degré d'énervement des parents.

Dans ton cas, en premier, je suggérerais à Nigel de ne pas t'appeler à la maison pendant quelque temps.

H : Au moins quelques années !

C : Deuxième règle, attends quelques jours avant de demander audience à tes parents. Pour l'instant, ils sont trop fâchés… c'est comme s'ils avaient des bouchons dans les oreilles !

H : Mais tôt ou tard, tu trouveras bien le bon moment pour t'expliquer avec eux et leur dire que tu es désolée de ce qui s'est passé.

T : Et ça fait trois…

I : Quatrième règle, qui d'ailleurs est toujours utile, ne rate pas une occasion pour être aimable et souriante à la maison, même si tes parents n'y répondent que par des grognements.

W : La cinquième règle consisterait à avoir une super bonne note à l'école, mais ça ne s'applique pas à ton cas, puisque tu es déjà très bonne élève !

WITCH JOURNAL

Cinq idées pour « désamorcer » des parents furieux

W

Je m'efforce d'être une fille modèle, au moins quelque temps !

I

Je cherche à détendre l'atmosphère par quelques bonnes boutades.

C : Continue en faisant ce que, selon eux, tu devrais toujours faire : reste peu de temps au téléphone, sois ponctuelle à table, rentre à l'heure pile, range ta chambre... Ce sera très dur, mais pour l'instant, tu n'as pas le choix.

H : C'est la sixième règle.

W : Il faut dire que nous avons une certaine expérience en matière de techniques de survie !

I : Septième règle : quelques jours après « l'affaire », dès que tu aperçois les premiers signes d'accalmie, tu peux mettre en œuvre la stratégie des...

techniques d'accostage !

T : C'est-à-dire ?

T : J'attends qu'ils se calment, puis je vais leur parler.

H : Je laisse sur leur lit un dessin plein de petits cœurs, avec écrit « Pardon ».

C : Je commence par ma mère, en l'attendrissant par des gentillesses...

I : On commence toujours par maman : c'est elle notre bouée de sauvetage ! Demande-lui si tu peux l'aider à faire la cuisine et profites-en pour lui raconter ta journée à l'école… Sa réaction t'indiquera à coup sûr si c'est le bon moment pour tenter la réconciliation. Si elle feint de ne pas t'écouter et te regarde de travers, n'insiste pas. Dans ce cas, il vaut mieux…

battre en retraite !

Ne jette pas l'éponge, pour autant. Le lendemain, recommence avec la même technique, armée de ton plus beau sourire.

T : Reçu 5 sur 5 ! Quand j'y pense, c'est vraiment dommage que ça se soit passé comme ça. Au fond, Nigel m'avait juste demandé de l'accompagner s'acheter un vêtement pour le mariage de sa cousine… je tenais tellement à y aller avec lui ! Je ne voulais pas mentir, mais j'avais tellement peur qu'ils me disent « non » !

C : Pourquoi ?

T : Eh bien… En général, quand je le vois, vous êtes là aussi, alors…

I : Mais c'est idiot ! Au moins, tu aurais pu tenter le coup !

T : Je sais, j'aimerais tellement ne pas avoir provoqué ce pataquès ! Ce qui me fait rager le plus, c'est de me dire que, si j'avais osé leur en parler, ils m'auraient peut-être donné la permission…

Autrement dit, c'était probablement un mensonge parfaitement inutile. Et maintenant, combien de temps me faudra-t-il pour regagner leur confiance ? Chaque fois que je leur dirai quelque chose, ils douteront de moi et se demanderont s'ils peuvent me croire... C'est atroce !

W : Un conseil. Laisse tomber le « plan anti-cata ». Va voir tes parents et dis-leur ce que tu viens de nous dire. Essaie de leur parler sincèrement, je suis sûre qu'ils comprendront.

C : Je suis d'accord ! Mentir n'a pas été une bonne idée, mais ça arrive à tout le monde de se tromper... et tes parents le savent !

I : Du calme ! Nous n'allons pas jeter à l'eau tous nos précieux conseils !

W : Tu peux toujours en faire un livre. Tu pourras peut-être le publier !

H : C'est ça : *Les conseils d'Irma pour calmer des parents furax.* Un best-seller !

I : C'est vrai, je n'y avais pas pensé ! Je pourrais devenir riche et célèbre grâce à mes parents. Mais alors... c'est peut-être vrai qu'ils servent à quelque chose ?

Test

Comment t'entends-tu avec tes parents ?

Découvre quel type de rapports vous entretenez.

Avec tes parents tu te disputes...

- A Rarement.
- B Trois fois par semaine, environ.
- C Au moins trois fois par jour.
- D Constamment. C'est ton « sport » préféré !

Vous vous réconciliez...

- A Tout de suite !
- B Au bout de quelques heures.
- C Après quelques jours de bouderie.
- D Rarement.

Quand tu sors dîner avec tes parents, c'est pour toi...

- A Une super-soirée !
- B L'occasion de bien manger.
- C D'un ennui mortel !
- D Une torture, une horreur, un supplice !

Tu vois tes parents comme...

- **A** Des amis.
- **B** Des parents.
- **C** Des gens vieux jeu.
- **D** Deux personnes à éviter autant que possible !

Qu'est-ce que tu réponds s'ils te proposent de sortir avec eux ?

- **A** « Super, j'arrive ! »
- **B** « Je ne peux pas, j'ai trop de devoirs. » (Ce qui est faux !)
- **C** « Vous voulez rire, j'espère ? »
- **D** « Il n'en est pas question ! »

Que fais-tu en prévision de l'anniversaire de l'un de tes parents ?

- **A** Tu consacres beaucoup de temps à la recherche d'un joli cadeau.
- **B** Tu sors acheter quelque chose, le jour même.
- **C** Tu n'as pas beaucoup d'argent, donc pas de cadeau !
- **D** Tu fais semblant d'avoir oublié.

Que fais-tu en cas de problème ?

- **A** Tu commences par demander conseil à tes parents.
- **B** Tu t'adresses à tes amies, mais tu en parles aussi à tes parents.
- **C** Tu n'en parles pas à tes parents.
- **D** Tu fais de ton mieux pour qu'ils n'en sachent rien.

Profils

Majorité de A
Super bien !

Entre tes parents et toi il y a beaucoup de complicité et une grande confiance réciproque. Quand vous êtes ensemble, vous trouvez toujours l'occasion de bien rire et de vous amuser : tu as beaucoup de chance ! Bien sûr, vous traverserez peut-être des périodes moins sereines et, comme tu n'en as pas l'habitude, tu risques de mal le vivre. Ne t'inquiète pas : une relation aussi forte que la vôtre résisterait à un tremblement de terre !

Majorité de B
Plutôt bien

À part quelques périodes un peu difficiles, ça va plutôt bien, mais tu aimerais te sentir plus en confiance avec eux. Parfois, tu ne te sens pas libre de dire ce que tu penses : tu préférerais un rapport plus spontané, plus gai, bref… plus complice ! Hum, voyons voir… Es-tu sûre de passer suffisamment de temps avec eux ? Est-ce que tu ne boudes pas trop facilement leurs propositions de sorties ? Revois ces quelques points et ça va redémarrer en trombe !

Majorité de C

Comme ci, comme ça…

Entre vous, ce n'est vraiment pas facile ! Il peut y avoir deux explications : ou bien tu as décidé d'être intraitable avec eux, ou bien ils sont vraiment trop stricts ! En règle générale, la vérité est entre les deux : il est possible que tes parents soient un peu vieux jeu et toi un peu trop pressée de grandir ! Efforce-toi d'être moins critique vis-à-vis d'eux et arrête de nager à contre-courant. Si tu te montres plus conciliante, tout deviendra beaucoup plus facile.

Majorité de D

Dur, dur

À cause de vos disputes permanentes, un vent de tempête souffle constamment à la maison. À force d'ondées, d'orages et de tornades, vous risquez tous la noyade. Il vous faut vite trouver une bouée de sauvetage ; solide, qui plus est ! Faire des vagues de temps en temps, ça arrive, mais l'atmosphère tendue et explosive qui règne chez vous est insoutenable. Cherchez, tous ensemble, des solutions concrètes. Après tout, vous êtes tous sur le même bateau, et éviter le naufrage vaudrait mieux pour tout le monde !

chapitre huit

Non, c'est non !

Journal d'Hay Lin

Mercredi 2 avril

Wahou ! J'ai une super-nouvelle : la maman de Cornelia va chez une de ses amies qui habite Vellis, une petite ville universitaire très charmante, et Corny a eu la super-idée de lui demander si les Witch pouvaient l'accompagner. Ce serait génial, mais il faut que les parents soient d'accord… C'est toujours la même histoire : chaque fois qu'il y a quelque chose d'intéressant à faire, il faut d'abord surmonter l'obstacle de la permission des parents ! Will et Taranee ont déjà le feu vert ; Irma et moi, c'est en attente… Je croise les doigts ! J'ai entendu dire que penser intensément à quelque chose, ça aide. Je vais essayer : D.O.! *(« Dites oui, dites oui, dites oui ! »)*

Jeudi 3 avril

C'est un complot ! *Quand j'ai demandé si je pouvais aller à Vellis, maman m'a répondu qu'une de ses tantes vient nous rendre visite, justement ce jour-là…*

Il paraît qu'elle tient absolument à me connaître ! Résultat : pas de voyage ! C'est injuste ! Comment peuvent-ils me demander de renoncer à une super-journée avec mes copines pour une vieille tante que je n'ai même jamais vue ? Ils ne sont pas ravis non plus de cette visite, car ils avaient prévu autre chose et, avec tout ce qu'ils ont à faire, ils seront obligés, en plus, de préparer la chambre d'amis, lui consacrer du temps, etc. Je sais qu'ils m'ont dit cela pour me consoler, mais ça ne me console pas du tout. Franchement, je ne comprends pas : si nous sommes tous d'accord, pourquoi ne pas demander à cette tante de venir un autre jour ? Je dois absolument convaincre mes parents de reporter cette visite !

Soir

Rien à faire. Nous avons commencé par parler tranquillement et nous avons fini par nous disputer. Ils ont sorti l'éternel refrain sur le sens de l'hospitalité, l'importance de la famille, etc. Bref, samedi on se coltine la tante, un point c'est tout. J'étais vraiment en colère, j'ai même haussé le ton... Alors, maman m'a dit que, parfois, il faut savoir renoncer à quelque chose sans en faire une montagne. Oui, mais pas à une journée à Vellis avec les Witch ! Pourquoi ne comprennent-ils pas cela ?

Je suis désespérée !

Drôles de WITCH

Réponses amusantes à toutes les questions

Est-il vrai que les « non » des parents nous aident à grandir ?

Oui, parce qu'on est pressé de ne plus avoir à les subir.

C'est horrible, avec mes parents, je dois demander la permission pour tout !

Qui t'a donné la permission de t'en plaindre ?

Existe-t-il des parents qui ne disent jamais « non » ?

Oui, ceux qui préfèrent répondre : « Il n'en est pas question. »

À quoi reconnaît-on une jeune fille dont les parents sont permissifs ?

À la longueur de la laisse...

Samedi matin 5 avril

Aujourd'hui, j'aurais dû partir à Vellis avec les autres. Cette nuit, j'ai carrément rêvé que j'y allais avec Eric et que lui me disait JE T'AIME en chinois (va savoir pourquoi en chinois !). Puis je me suis réveillée et me suis souvenue que je ne vais nulle part et que je ne vois pas Eric, non plus... Ah, les nerfs !

Après-midi

La tante arrive dans une heure. J'ai même été obligée d'aider Chang à ranger le restaurant. Je n'en peux déjà plus ! Tout à l'heure, ce sera encore pire : maman, papa et moi avec la tante grabataire, assis au salon sans savoir quoi dire. À mourir d'ennui ! J'imagine déjà les questions de la tante : « Quel âge as-tu ? comment ça va l'école ? as-tu un petit copain ? ... » ARGH !

Soir

La tante est arrivée. Il faut que je raconte la scène, parce que c'est trop drôle ! Quand elle a sonné à la porte, je suis allée ouvrir pour lui faire les honneurs de la maison. En mon for intérieur, je me demandais comment j'allais pouvoir accueillir gentiment cette tante qui m'était antipathique avant même notre rencontre... Puis, quand j'ai ouvert, je me suis trouvée face à une petite grand-mère très souriante, avec une drôle de robe ornée de voiles bleus et roses, et un sac énorme rempli de feuilles de papier ! Elle s'appelle Cili et j'avoue qu'elle a l'air plutôt sympathique... À creuser, donc !

Dimanche 6 avril

Tante Cili vient de partir… Elle est super sympa ! Après le déjeuner, elle m'a appris quelques figures d'origami. Ce n'est pas si difficile que je le pensais, il suffit d'avoir tante Cili à ses côtés ! Maintenant, ma chambre est remplie de fleurs, de chatons et d'astronefs en papier de toutes les couleurs. En plus, j'ai découvert qu'elle aussi adore dessiner et créer ses propres vêtements… C'est pourquoi elle avait si envie de me connaître ! Nous avons même échangé quelques croquis ! J'ai hâte de raconter cela aux Witch. C'est drôle, mais ces deux journées ne se sont pas du tout passées comme je l'avais imaginé. J'ai été si occupée avec tante Cili que je n'ai pas regretté une seconde la virée à Vellis avec les Witch. Qui l'aurait cru ? On a de ces surprises, des fois… D'ailleurs, j'ai une super-idée : proposer à mes parents d'aller voir tante Cili avec les Witch… Ce serait génial ! Je leur en parle dès demain et cette fois ils ne pourront pas refuser ! Youpi !

P.-S. Drôle de coïncidence : c'est comme si tante Cili avait lu dans mes « rêves », car avant de partir elle m'a appris à écrire Je t'aime *en chinois. Voici :*

我愛你

(Prononcez : « Ouò haïni. ») Ça pourrait me servir pour faire une déclaration top secret à Eric… Lui-même ne comprendrait pas ! Génial !

Conseils de Witch

Comment réagir quand ils te disent « non » !

- Tâche de leur faire changer d'avis avec des arguments sensés, mais si tu vois que leur réponse est définitive, n'insiste pas. Ce serait énervant pour tout le monde.
- Ne demande pas des choses impossibles : c'est le plus sûr moyen de faire baisser le nombre de « non » à encaisser !
- Ne t'enferme pas dans ta chambre, renfrognée. Si tes parents en ont décidé ainsi, ce n'est pas en boudant que tu vas leur faire changer d'avis.
- N'oublie pas que les situations les plus amusantes peuvent se présenter au moment où l'on s'y attend le moins. Au lieu de faire la tête, pense plutôt à ne pas rater des occasions de t'amuser !

chapitre neuf

Demander pardon

Journal de Cornelia

<u>Mardi 2 novembre, après-midi</u>

Quelle journée ! Je suis hors de moi et archinerveuse ! Je viens de me disputer avec maman… je lui ai dit des choses très méchantes. En rentrant, j'étais déjà de très mauvaise humeur : elle s'en est aperçue, a essayé de savoir ce qui n'allait pas – ça m'a énervé encore plus –, elle a insisté, et moi j'ai fini par exploser en hurlant *qu'elle me fiche la paix parce qu'elle n'est pas douée pour faire la « gentille maman qui est toujours de bons conseils ». Je crois que j'ai vraiment exagéré… Maintenant, elle est vexée et ne m'adresse plus la parole.*

Soir

Elle est carrément *blessée ! Je le sais, je la connais bien. Chaque fois que je suis énervée, c'est sur elle que je me défoule… C'est arrivé tellement souvent que je devrais savoir comment lui demander pardon, mais je n'y arrive pas et je ne fais que tourner autour du pot. Du coup, elle ne me répond même pas. C'est énervant ! En fait, c'est la faute aux Witch qui ne sont pas venues me voir à la compétition de patinage. J'étais si déçue… C'était une des compétitions les plus importantes de la saison et elles se sont pointées à la fin, carrément après la remise des prix. Elles avaient oublié ! Sur le coup, je n'ai rien dit, mais une fois rentrée, ma colère a explosé et c'est ma mère qui a pris…*

Le cœur de KANDRAKAR te dit que…

Les enfants ont beaucoup de mal à prononcer le mot « pardon », car ils partent du principe que les parents ont forcément tort. Or, la raison ne peut pas être toujours du même côté, donc… parfois, « même eux » peuvent avoir raison. Penses-y !

Demander pardon n'est pas un signe de faiblesse, mais plutôt le contraire. N'hésite pas à le faire. Après, tu te sentiras beaucoup mieux.

*Je l'ai fait seulement parce que c'était la seule que j'avais sous la main et aussi parce que je sais qu'elle finit toujours par me pardonner, même quand j'*exagère !

Jeudi 4 novembre

Ça fait déjà deux jours et la situation n'a pas l'air de s'améliorer. J'ai demandé conseil à papa. Il a fait comme s'il ne savait rien de ma dispute avec maman. Je lui ai tout raconté, mais je suis certaine qu'il était déjà au courant. Quoi qu'il en soit, ça n'a rien donné : la seule chose qu'il a su me dire a été « Demande-lui pardon ». Merci, je le savais, le problème c'est « comment » ! D'après lui, je devrais simplement lui dire que je regrette ce qui s'est passé. Je n'y arriverai jamais… c'est trop déshonorant ! C'est vrai que j'ai eu tort, mais, après tout, ça fait deux jours que je suis super mignonne avec elle, que je range impeccablement ma chambre et que je ne rate pas une occasion de lui faire un compliment ! Les « excuses officielles » sont-elles vraiment incontournables ?

Soir

J'ai supplié mon père d'expliquer à maman que je suis vraiment triste de l'avoir blessée, mais il n'a rien voulu entendre : d'après lui, c'est une affaire qui ne concerne que nous deux. Autrement dit : c'est moi *qui ai fait ce pataquès, c'est* moi *qui dois le résoudre ! Qui a dit qu'on peut toujours compter sur les parents ?*

Vendredi 5 novembre, après-midi

Ce matin, avant l'entrée des classes, je m'en suis prise aux véritables coupables, *c'est-à-dire Hay Lin, Taranee, Will et Irma. Je leur ai dit que j'avais été très déçue qu'elles aient oublié la compétition de patinage et qu'à cause d'elles je m'étais disputée avec ma mère. Sur le moment, elles n'ont rien dit, mais à la récré, elles sont venues me voir avec un dessin fait exprès pour moi accompagné d'une sorte de poème rigolo :* Cornelia championne de patinage. *C'est vrai, c'est un super-cadeau, mais* ça ne suffisait pas... *dans le sens que ça n'estompait pas ma déception. Heureusement, Will s'en est aperçue. Alors, très simplement, elle m'a demandé pardon au nom de toutes les quatre. Puis elles m'ont expliqué aussi pourquoi elles avaient oublié...*

Je leur en avais parlé deux semaines auparavant, sans jamais le leur rappeler depuis. Cet après-midi-là, elles m'avaient appelée pour que j'aille les rejoindre en centre-ville, mais elles n'avaient trouvé personne à la maison. Intriguées, elles s'étaient rappelé la compétition, mais trop tard... Hay Lin a juré que la prochaine fois elle en écrira la date et l'heure sur sa main et qu'elle n'effacera pas l'inscription jusqu'au jour J. Pas génial pour l'hygiène, mais efficace !

Soir

Ça m'a fait un bien fou de recevoir les excuses des Witch. Le dessin et le petit poème aussi étaient une façon de dire « Nous sommes désolées », mais par moments on préfère entendre les mots clairement dits. Je comprends mieux ma mère, maintenant : quand on blesse quelqu'un, il faut en assumer la responsabilité et demander pardon. Les gentillesses et les sourires ne suffisent pas.

Samedi 6 novembre

Après ce qui s'est passé avec les Witch, je me suis enfin décidée : j'ai demandé pardon à maman en lui expliquant que ce n'est pas à elle que j'en voulais, etc. Elle m'a écoutée en silence, puis elle m'a fait un grand sourire et m'a prise dans ses bras : nous avons fait la paix ! J'avoue que ça m'a coûté d'admettre que je me suis mal comportée, mais une fois prononcé le mot « Excuse-moi », le reste est sorti tout seul. Magique !

chapitre **dix**

« Maman, papa, écoutez-moi ! »

Journal de Will

Mardi 6 mai

J'ai hâte que maman rentre, j'ai absolument besoin de lui parler ! Aujourd'hui, j'ai compris une bonne fois pour toutes que la prof de maths m'en veut, même si j'ignore pourquoi. Elle n'arrête pas de me poser des questions à brûle-pourpoint, de me demander si j'ai bien travaillé et de me regarder bizarrement... D'après Cornelia, c'est moi qui me fais un film, mais c'est faux ! *Aujourd'hui, par exemple, ç'a été le pompon. Quelqu'un a lancé une gomme et a failli centrer la prof. Tout le monde ricanait en cachette et elle, qui était de dos, s'est retournée furieuse en demandant qui avait fait ça...*

J'ai très bien vu qu'elle regardait dans ma direction parce qu'elle était persuadée que c'était moi ! Mais c'est faux ! Ce n'est pas moi qui l'ai visée, c'est plutôt elle qui m'a prise dans sa ligne de mire ! Ce n'est pas juste ! *J'ai hâte de parler de tout cela à maman…*

Soir

Dès son retour, j'ai dit à maman que j'avais besoin de lui parler, mais elle m'a expédiée vite fait avec une de ses phrases classiques : « Excuse-moi, chérie, je n'ai vraiment pas le temps ! J'ai un travail urgent à finir. On en parle plus tard, d'accord ? » J'aurais voulu lui répondre que moi aussi, cette fois, j'avais un problème urgent, mais j'étais si triste que je suis partie sans rien dire. Ce n'est pas juste ! *Je ne peux même pas appeler les Witch, parce qu'elles sont au cinéma avec les parents de Cornelia.*

WITCH JOURNAL

CINQ IDÉES POUR « COINCER » DES PARENTS DISTRAITS

I

J'aiguise leur curiosité pour qu'ils me posent des questions.

W

J'envoie un SMS du style : « On prend rendez-vous ? »

J'aurais dû y aller aussi, mais avec toute cette histoire, je n'en ai pas eu envie…

Mercredi 7 mai

Ce matin, nous avons eu deux heures de maths d'affilée. Le calvaire continue : la prof m'a posé plein de questions. J'ai répondu presque à toutes, mais elle n'avait pas l'air satisfait. Maman est rentrée pour le déjeuner et ne s'est même pas souvenue de ce que je lui ai dit hier. Ça lui va bien de me répéter : « Sois plus ouverte avec moi. Je suis ta maman, tu peux tout me dire ! » Il suffirait qu'elle m'écoute, de temps en temps ! Tout a l'heure, je vais faire une nouvelle tentative : j'ai vraiment besoin d'un conseil. *Allez, courage !*

T Je les interroge pour vérifier qu'ils m'écoutent.

H Je fais un dessin qui leur fait comprendre que j'ai besoin de leur parler.

C Je vais droit au but !

Après-midi

Rien à faire, maman était déjà sur la porte, prête à sortir. Elle m'a juste dit : « Tout à l'heure, dès que je rentre. » Que faire pour la coincer ? Lui tendre un piège ? Et me voilà partie pour un après-midi toute seule à la maison, qui plus est avec une tonne de devoirs de maths à faire ! À mourir d'ennui !

Soir

Pendant le dîner, je suis enfin arrivée à tout raconter à maman, mais c'est comme si je n'avais rien dit. Elle a liquidé l'affaire en disant que, parfois, nous, les jeunes, avons tendance à nous sentir persécutés, alors que la prof n'y est pour rien. Puis elle a clos le débat par un fantastique : « Excuse-moi, maintenant, mais il est tard et je dois encore travailler. » Elle n'a rien compris de ce que ça signifie pour moi : les heures de maths sont en train de devenir un véritable cauchemar ! Que faire ? Parfois, maman ne me comprend pas du tout : nos priorités ne sont décidément pas les mêmes. À mon avis, par exemple, son travail ne devrait pas être la chose la plus importante de sa vie : c'est moi qui devrais l'être !

Jeudi 8 mai

Aujourd'hui, c'est dur, dur ! Si je ne me libère pas de ce poids, je vais finir par exploser. Il faut que je parle à ma mère...

Après-midi

Mes bonnes résolutions se sont terminées en sanglots ! Ça m'a fait du bien, je me sens plus légère. Maman s'est aperçue que je pleurais et est venue me rejoindre dans ma chambre. Donc, ce n'est pas vrai qu'elle ne fait pas attention à moi... Nous avons fini par parler de beaucoup de choses et j'ai pu lui dire que je me suis sentie délaissée. Elle regrette énormément de ne pas avoir compris l'importance de mon problème avec la prof. Elle m'a consolée, puis m'a suggéré une stratégie : garder mon calme et prendre les choses avec plus de légèreté. C'est probablement un simple malentendu auquel j'ai donné trop d'importance. En revanche, si ça continue, elle ira parler à la prof. Ouf... je me sens un peu mieux !

P.-S. : Maman est dans de beaux draps ! Demain, elle doit remettre un projet au grand chef et elle a passé plus de deux heures avec moi... J'en suis désolée, mais ça m'a fait beaucoup de bien de me confier à elle !

Vendredi 9 mai

Incroyable ! Aujourd'hui, en me rendant ma copie, la prof de maths m'a dit : « Cette fois, ce n'est pas mal du tout, Will ! » Puis elle s'est ressaisie et est partie brusquement.
Je n'ose pas y croire ! Y aurait-il un espoir que les choses changent ? On verra bien…

P.-S. : Ce matin, maman était une vraie loque. Elle n'a pas fermé l'œil de la nuit pour préparer son projet, alors que moi je dormais enfin tranquillement. Il faut que je revoie la liste des choses les plus importantes dans ma vie : la première place revient à ma mère, la deuxième aux Witch, la troisième à moi et… la dernière à la prof de maths, na !

Lundi 12 mai

Cet après-midi, maman a été à une réunion profs-parents et a pu enfin dévoiler le mystère. La prof de maths m'avait à l'œil parce que, a-t-elle dit à maman, dernièrement je lui semblait un peu distraite. Elle craignait carrément qu'il ne me soit arrivé quelque chose et qu'à cause de cela je n'arrive pas à me concentrer en classe. Elle n'avait pas compris que c'est dans ma nature d'être un peu dans les nuages, des fois (mais ça ne dure pas longtemps, après je redescends sur terre). Heureusement, ma mère a pu la rassurer.
Au fond, tout le monde peut se tromper… même la meilleure des mamans !

Conseils de Witch

Que faire quand les parents ne t'écoutent pas...

- Ne te vexe pas tout de suite : accorde-leur une deuxième chance.
- Probablement, ils ne se rendent pas compte de combien leur écoute est importante pour toi. Aide-les à le comprendre !
- Attends toujours le meilleur moment pour parler de questions importantes.
- Ils ont eux-mêmes des soucis, c'est pourquoi ils ne t'écoutent pas. Efforce-toi de mieux cerner la situation, au lieu de tout vouloir tout de suite !
- S'il n'y a vraiment pas moyen de parler avec eux de vive voix, écris-leur une lettre. Ça marchera peut-être mieux !

chapitre **onze**

Distances intersidérales...

Vie de Witch

Jeudi après-midi, chez Irma

C : Que t'arrive-t-il, Will ? Tu fais une tête du genre : « Le monde ne me comprend pas... »

W : Le monde, je ne sais pas. Ma mère, sûrement !

I : Que s'est-il passé ?

W : Rien de spécial. Nous nous sommes disputées, pour la dix millième fois, au sujet de mon pantalon bleu.

H : Ah, oui ! Ton pantalon hyper long... Qu'a-t-elle à en dire ? Il est génial !

W : Ma mère n'est pas tout à fait de cet avis. Elle trouve qu'il est TROP long. Ça fait des semaines qu'elle me tanne pour que je fasse un ourlet.

I : Du moment que tu l'aimes comme ça…

W : Rien à faire. Elle ne supporte pas que je marche avec mon pantalon sous les chaussures. Elle dit que c'est sale et que je devrais me faire payer pour le nettoyage des trottoirs !

C'est ridicule !

H : C'est toujours la même histoire… Mes parents aussi, des fois, sont vraiment vieux jeu !

I : Il faudrait écrire un livre : *Les Parents, une espèce à remettre à jour.*

C : Premier chapitre : « Les vêtements ». C'est nous qui devrions leur donner des leçons en la matière ! Toutes ces choses qu'ils aiment tant, les mocassins, les foulards à fleurs, les tailleurs, sont tout simplement…

trop nuls !

H : Ils ne comprennent rien à la mode. Parfois, c'est carrément la honte de sortir avec eux.

I : Pas seulement pour leur tenue, d'ailleurs… pour ce qu'ils disent, aussi !

H : Par exemple, quand ils nous appellent « petite chérie », « ma puce » ou « mon bébé »… parfois devant des gens !

W : Et quand ils entonnent le refrain « De mon temps... » ? Dans ces cas-là, ils sont carrément assommants !

I : J'ai une idée ! Écrivons le *Dictionnaire des parents* : les mots qu'ils utilisent et ceux que, nous, nous utilisons ! On pourrait le leur offrir pour qu'ils se modernisent un peu...

C, H, T, W : Super ! Allons-y !

Taranee énonce à haute voix les mots qui lui viennent à l'esprit, tandis que les autres font leurs commentaires et Cornelia prend note.

T : « Stupide »...

H : « Uriah » !

I : On ne peut pas ! « Uriah » n'est pas un mot, c'est seulement le meilleur représentant de la catégorie !

H : O.K. ! Alors... « demeuré »... surtout pas « stupide » ! Formellement interdit par le comité des Witch !

T : Eux disent « être en congé »...

I : Nous, « partir en vacances ».

T : Quand ils disent « beaucoup » ou « très »...

H : Pour nous, c'est « super », « méga », « trop » !

T : « C'est formidable »...

H : « C'est énorme » !

T : Prêtes pour le grand finale ? « Tes petites camarades »...

I : « Mes super-copines » !

T : « Ton fiancé »...

I : « Mon petit copain » !

T : Et pour finir, la cerise sur le gâteau : « mon bébé »...

H : Oh, la honte... Comme si on se baladait encore avec notre nounours ! Nous sommes des « jeunes filles » ! Comprendront-ils un jour que nous avons grandi ?

<u>**La rédaction du dictionnaire est suspendue par le débat qui s'instaure.**</u>

I : Il n'y a rien à faire.
Des millions d'années-lumière nous séparent !

Le cœur de KANDRAKAR te dit que...

Parfois, tu as l'impression que tes parents et toi vivez sur deux planètes différentes. En effet, la différence d'âge rend la communication difficile : parents et enfants n'ont pas la même vision des choses. Cependant, il est fort probable qu'ils te comprennent bien mieux que tu ne l'imagines. Ne les sous-estime pas.

De bonnes relations avec les parents sont le fruit d'efforts réciproques. Ne t'enferme pas sur toi-même, parle-leur le plus possible, même si ce n'est pas facile. Et surtout ne prétends pas l'impossible, c'est-à-dire qu'ils se comportent comme tes copines !

C : Quand nous sommes entre nous, tout coule de source : se dire des choses, échanger des secrets. . Il suffit d'un coup d'œil pour savoir ce que l'une d'entre nous pense. Parfois, nous n'avons presque pas besoin de parler. Avec les parents, c'est le contraire : on ne se comprend pas et on finit souvent par se disputer.

W : À tel point que parfois on n'a plus envie de leur parler…

C : Pourtant, j'ai fait une drôle de découverte concernant mes parents ! En rangeant le grenier, j'ai trouvé de vieilles photos qui m'ont laissée bouche bée. Quand ils étaient jeunes, ils étaient très différents !

I : C'est-à-dire ?

T : Aujourd'hui, ils sont élégants, propres sur eux, etc., mais autrefois, ils aimaient les concerts rock et s'habillaient d'une manière qui faisait enrager ma grand-mère. C'est elle qui me l'a dit !

I : Les parents ne l'avoueraient jamais ! Moi aussi, j'ai trouvé des indices intéressants. Vous savez que mon père dit toujours que j'écoute trop de musique…

Il ose même dire que ceux que j'aime ne sont pas de « vrais musiciens » ! Mais moi, dans un carton, j'ai trouvé des vieux 45 tours carrément démentiels ! Du bruit à l'état pur, des jeux de guitare impressionnants… et sur la pochette, des photos hallucinantes !

H : Allez, montre ! Moi aussi, je veux les voir !

I : Impossible ! Quand je le lui ai dit, au début, il a joué les indifférents. Puis, quand je lui ai demandé si je pouvais les vendre au vide-grenier, il est devenu pâle, il m'a tout arraché des mains et a répondu qu'il devait y réfléchir. C'est comme ça que j'ai découvert qu'il les écoute en cachette… Il connaît encore tous les textes par cœur !

T : Tout comme toi !

I : Exact… Et lui aussi bataillait pour aller aux concerts et se disputait avec ses parents parce qu'ils étaient vieux jeu !

W : Bref, à des époques différentes : parents et enfants, même combat !

H : Jusque sur Mars, ça doit être la même chose… Le samedi soir, les jeunes Martiens demandent l'astronef aux parents !

I : Et les parents doivent leur répondre. .

H : « À condition que vous rentriez à 22 heures pile et que vous preniez garde aux astéroïdes ! » Les parents sont les mêmes dans toute la galaxie !

chapitre douze

Orage en famille

Journal d'Hay Lin

Samedi 4 janvier

S.O.S. urgentissime !

Situation parents : catastrophique !
Réveil matin : cris de dispute. L'idéal pour bien commencer la journée !
Maman entre dans ma chambre les larmes aux yeux. Elle en a gros sur le cœur.
Petit déjeuner : papa est inapprochable. Il casse un verre par inadvertance et crie sur maman que c'est sa faute parce qu'elle n'a pas rangé la cuisine.

Faites que ça s'arrête !

Je quitte l'appartement : ouf, je respire !

Dimanche 5 janvier

Je viens juste de rentrer. Ces derniers temps, la scène est toujours la même : papa et maman se disputent et maman me dit d'aller dans ma chambre. Je n'en peux plus ! J'ai éclaté en sanglots sur mon lit. J'ai peur que mes parents ne s'aiment plus. Que se passe-t-il ? *Je ne les ai jamais vus comme ça…*

Lundi 6 janvier

La situation vire au cauchemar : *à la maison, la tension est palpable. Ils ont dû se rendre compte que j'en souffre parce que maintenant, quand je suis là, ils s'efforcent de se contrôler. Puis, dès que je tourne le dos, ils recommencent à se disputer. Comment peuvent-ils croire que je ne vois pas leur manège ? ÇA CRÈVE LES YEUX ! Les Witch se sont aperçues que quelque chose ne va pas, mais je n'ai pas envie d'en parler, même pas avec elles. Au moins, tant que je n'aurai pas compris ce qui se passe, parce que… le pire, c'est de ne pas savoir POURQUOI ils se disputent ! Parfois, je me demande si ce n'est pas ma faute. Papa est peut-être fâché avec maman, parce qu'elle me gâte et lui n'est pas d'accord. Ou alors… à cause d'une de mes bêtises. Après tout, c'est toujours à mon sujet qu'ils se querellent. Si j'étais plus sage, ça mettrait peut-être un terme à cette guerre absurde ! J'aimerais tant qu'à la maison tout redevienne comme avant. Ça n'a pas toujours été le top, mais au moins il n'y avait pas ces tensions insupportables. Comme quoi, il ne faut jamais trop se plaindre !*

Samedi 11 janvier

Ça va de pire en pire, mais j'en ai parlé aux Witch. *Je n'en pouvais plus de tout garder pour moi ! Heureusement que les amies existent ! À vrai dire, j'étais sortie avec elles pour me distraire et je ne voulais rien dire, mais elles me sentaient « bizarre » et ont tellement insisté que j'ai fini par tout raconter. Ça m'a fait du bien ! Will m'a dit que ça se voyait que j'étais triste et, maintenant qu'elle en connaît la raison, elle me comprend parfaitement. Irma m'a avoué qu'elle a vécu la même chose : il y a quelques années, ses parents ont traversé une période difficile, mais à présent ils filent à nouveau le parfait amour.*

Le cœur de KANDRAKAR te dit que...

Dans des moments de stress ou de fatigue intense, il est facile de s'en prendre à nos proches. Ce qui arrive, parfois, entre papa et maman : ils se défoulent l'un sur l'autre. Si tes parents traversent une période difficile, garde ton calme. Cela n'a rien à voir avec toi et tu n'as pas à te sentir responsable !

Si, en revanche, tes parents sont des « professionnels » de la dispute, la vie en famille n'est sans doute pas facile. Cependant, cherche à avoir tes propres espaces où vivre sereinement, seule ou avec tes amies, sans te mêler de leurs conflits.

Irma me racontait qu'à l'époque, son père avait des problèmes avec ses collègues de travail et rentrait toujours de très mauvaise humeur. En effet, maintenant que j'y pense, depuis que mes parents organisent des banquets au restaurant, ils travaillent beaucoup plus et ils sont morts de fatigue...

Mercredi 15 janvier

Enfin une bonne nouvelle, même si ça n'a rien à voir avec mes parents ! Irma m'invite à passer le week-end chez elle pour une pyjama-party avec les Witch au grand complet. Je suis contente de cette escapade : au moins, j'éviterai quelque temps l'atmosphère pesante de la maison !

Dimanche 19 janvier, le matin

Ces deux journées ont été géniales ! Irma et les autres ont été super sympas avec moi et mon moral est remonté en flèche... le temps du week-end, en tout cas ! J'appréhende le retour à la maison.

À la maison

Mes parents semblent un peu plus calmes... Je les ai même vus se sourire !

Aujourd'hui, je suis plus optimiste, les choses vont peut-être finir par s'arranger. À cette occasion plus que jamais, j'ai compris l'importance des amies. Irma, Will, Taranee et Cornelia sont toujours près de moi, elles ne me quittent pas d'une semelle ! Cet après-midi elles m'invitent au cinéma. Ça va me changer les idées !

Soir

J'ai vraiment l'impression que ce week-end en tête-à-tête a fait beaucoup de bien à mes parents. C'est normal, de temps en temps ils doivent avoir besoin de se retrouver ! À mon retour du cinéma, papa et maman ont enfin pris la peine de me parler tranquillement : ça n'arrivait pas depuis des semaines ! Ils m'ont expliqué qu'en ce moment, ils sont un peu dépassés par les évènements : les banquets au restaurant représentent une surcharge de travail considérable. Par conséquent, ils me demandent de ne pas leur en vouloir et d'être patiente. Et surtout de ne pas m'inquiéter. En plein dans le mille : j'avais deviné ! *« Pourquoi ne prendriez-vous pas un serveur de plus ? leur ai-je demandé. – C'est une excellente idée ! » m'ont-ils répondu en chœur. Puis, enfin, le dîner a été un moment détendu et agréable. Maman avait préparé de bons petits plats et il y avait même une tarte au dessert ! J'ai l'impression d'être retournée au bon vieux temps… Maintenant, il faut juste espérer qu'ils ne recommencent pas à me gronder, moi !*

Conseils de Witch

Quatre idées pour survivre quand les parents se disputent

- N'interviens pas dans leurs disputes. Laisse-les se débrouiller seuls.
- Sors faire une balade ou bien, encore mieux, une course à pied. Ça t'aidera à te changer les idées !
- Quand tes parents se disputent, le ton monte très vite ? Mets tes oreillettes et écoute ta chanson préférée : tu verras, ça marche !
- Si la situation est vraiment trop pénible, fais-toi inviter quelques jours chez une amie particulièrement douée pour te remonter le moral.

Test

Quel genre d'enfant es-tu ?

Es-tu, oui ou non, une fille modèle ? Commence par la question numéro 1, puis continue par celle indiquée dans la réponse choisie : tu découvriras à qui tes parents ont affaire !

1

Ta mère a la grippe. Qu'est-ce que tu fais ?

A Tu l'aides autant que tu peux. (→ **2**)

B Tu lui donnes un coup de main, mais pas de bon cœur. (→ **3**)

2

Si tes parents t'interdisent de faire quelque chose...

A Tu le fais en cachette. (→ **4**)

B Tu protestes vivement, mais tu finis par les écouter. (→ **5**)

3

Si tes parents te demandent de leur raconter ton après-midi...

A Tu leur en donnes les moindres détails.
(→ **5**)

B Ça t'ennuie et tu coupes court.
(→ **6**)

4

Tu ne supportes pas quand tes parents...

A Te posent trop de questions.
(→ **profil A**)

B Te grondent devant des tiers.
(→ **profil B**)

5

Si tes parents refusent de t'acheter quelque chose qui te tient à cœur...

A Tu les assommes avec une jérémiade...
(→ **profil C**)

B Tu essaies d'argumenter du mieux que tu peux.
(→ **profil D**)

6

Peu doué pour les blagues, ton père en raconte une. Que fais-tu ?

A Tu ris quand même, pour ne pas le blesser.
(→ **profil C**)

B Tu lui dis qu'il vaudrait mieux qu'il s'abstienne !
(→ **profil D**)

Profils

Profil A

Rebelle à moitié

Tu ne rates pas une occasion de dire « non » à tes parents. Tu voudrais tout décider seule, sans les conseils de qui que ce soit et encore moins ses ordres ! Il t'arrive, pourtant, de ne plus savoir que faire, mais tu es trop fière pour admettre que, seule, tu ne t'en sors pas.

Un conseil : Ne cherche pas à être plus forte que tu ne l'es. Il n'y a rien de mal à demander de l'aide, de temps en temps.

Profil B

Super disponible

Tes parents savent qu'ils peuvent compter sur toi. Tu as toujours été une enfant responsable qui aime prendre soin de ceux qu'elle aime. Tu es toujours prête à dire « oui »... un peu trop, parfois ! Aurais-tu peur de briser la sérénité familiale en disant « non » quand il le faut ?

Un conseil : N'oublie pas que si de temps en temps tu t'opposes aux autres, ce n'est pas pour autant qu'ils cesseront de t'aimer : ils te respecteront davantage.

Profil C

L'éternelle insatisfaite

Pour toi, il y a toujours quelque chose qui ne va pas. Tu trouves à te plaindre même dans une situation paradisiaque. Tes parents font beaucoup d'efforts avec toi, mais attention : tout le monde n'est pas aussi tolérant et compréhensif qu'eux !

Un conseil : Tu devrais faire l'exercice suivant au moins deux fois par jour. Répète à haute voix : « Tout va bien, je suis contente et satisfaite ». Ça fera beaucoup de bien à ton entourage et… à toi aussi !

Profil D

Un cœur tendre

Tu aimes les câlins par-dessus tout, en particulier avec tes parents. Avec eux, tu es toujours adorable ; quand tu veux obtenir quelque chose, tu adoptes une stratégie « soft » pour éviter les conflits. Seul problème : tu as du mal à supporter que tes parents te grondent un peu rudement, c'est un véritable drame !

Un conseil : La tendresse, c'est important, mais dans la vie il faut apprendre aussi à avaler quelques couleuvres sans en faire une montagne !

chapitre **treize**

Les parents se séparent... et après ?

Vie de Witch

Vendredi après-midi, chez Will

I : Vous avez entendu ce qui est arrivé à Matilda, ma copine de 5ᵉ D ?

C : Non, mais nous n'allons pas tarder à le savoir, vu tes dons pour les scoops !

W : Tout ce que je sais, c'est que depuis quelque temps Matilda a l'air bien triste...

I : En effet. Aujourd'hui, en rentrant de l'école, elle m'a avoué à demi-mot que ses parents divorcent. Le week-end dernier, son père a déménagé dans un autre quartier.

H : Mince alors ! Elle s'y attendait ou non ?

I : D'après ce que je sais,

ça faisait un moment que ses parents ne s'entendaient plus…
Après des disputes « normales » (celles que tous les parents connaissent, même les plus unis), ils avaient fini par ne plus se parler, ou presque.
Pourtant, quand ils ont annoncé la nouvelle à Matilda, pour elle ç'a été…

le coup de massue !

H : Pauvre Matilda ! Que faire pour l'aider ?

Le cœur de KANDRAKAR te dit que…

Quand on vit une situation particulièrement difficile, on a souvent l'impression que personne ne peut comprendre ce que l'on ressent. Cependant, ne te ferme pas comme une huître et efforce-toi d'en parler avec ceux qui t'aiment. C'est toujours un excellent remède !

N'oublie pas que ce n'est jamais la faute des enfants si les parents se séparent. Tu n'as rien à te reprocher ! En même temps, tâche de ne pas trop leur en vouloir : ils ont sans doute fait de leur mieux pour éviter cette situation. Ce qui compte, à présent, c'est que tes parents et toi trouviez un nouvel équilibre et une nouvelle manière d'être ensemble.

I : Le problème, c'est qu'elle s'est complètement renfermée sur elle-même. Quand on fait le chemin ensemble, elle n'ouvre quasiment pas la bouche. On dirait qu'elle a honte de cette séparation.

W : Je sais. Ce n'est pas facile d'en parler, même pas avec une copine. Elle reste avec sa mère, j'imagine...

I : Nous n'en avons pas parlé, mais je le crois. C'était horrible de la voir si abattue ! J'aurais voulu l'aider, lui dire quelque chose, mais... comment ? Je me suis sentie...

totalement impuissante !

T : C'est terrible comme sensation...

Dans la chambre de Will un silence grave s'installe, puis Irma intervient, décidée à remonter le moral des troupes.

I : Ne nous laissons pas abattre. Au fond, il y a quand même un point positif dans cette affaire : Matilda ne verra plus ses parents se disputer du matin au soir. Quand j'aillais chez elle, il y avait toujours une atmosphère si tendue ! Ses parents se parlaient sur un ton tellement glacial, que ça donnait des frissons dans le dos ! Autrement dit, Matilda n'était certainement pas heureuse... Alors, du moment que vivre avec des parents qui ne s'entendent plus est si difficile, leur séparation ne peut qu'améliorer les choses, vous ne trouvez pas ?

W : Sûrement. . Du moins, dès que la guerre froide cesse car ça doit être vraiment pénible à vivre ! Vous souvenez-vous de Mandy, ma camarade du cours de natation ? Quand ses parents se sont séparés, pour elle, ç'a été le drame. Au début, elle était carrément désespérée, mais au bout de quelques mois, ça allait déjà mieux. Au fond, me disait-elle, on ne perd pas un parent, c'est seulement qu'on le voit à des moments différents. Et au bout du compte, elle a découvert que ce n'est pas mal d'être réveillée par la pendulette qui sonne, plutôt que par les disputes de ses parents.

T : Oui, mais tant que Matilda ne se sera pas habituée à sa nouvelle situation, il faut l'aider ! Vous êtes d'accord ?

Les autres acquiescent, l'air un peu perplexe.

H : Oui, mais… comment ?

T : En lui proposant de sortir avec nous, par exemple. Pour se distraire ou pour se confier, si elle en a envie.

I : « Bataillon des consolatrices », à vos ordres, mon capitaine ! Nous serons toujours prêtes à la réconforter. Certes, nous ne pourrons pas remplacer des parents qui filent le parfait amour, mais... C'est comme quand on est alité avec une fièvre de cheval et un mal de gorge épouvantable. Les parents nous achètent nos magazines préférés et des bonbons à la menthe : ça ne nous guérit pas, mais c'est mieux que rien !

H : Irma, tu es unique. Toi seule peut trouver quelque chose de drôle à dire dans une situation pareille !

I : Il faut toujours avoir de l'humour, SURTOUT quand ça va mal. En plus, si nous voulons remonter le moral de Matilda, il faut d'abord que nous l'ayons, nous !

W : C'est vrai, nous ne pouvons pas nous pointer l'air tristounet. . Vous verrez, au début ce ne sera pas facile, mais je suis sûre que Matilda arrivera à surmonter ce mauvais moment.

I : Je le pense aussi. Après tout, les parents de Will se sont séparés quand elle était petite et malgré cela... regardez-la : elle va super bien, elle est pratiquement parfaite ! Pas vrai ?

Irma fait un clin d'œil aux autres.

C : Oui... à part quelques petits défauts, çà et là !

W : Par exemple ?

I : Euh... Primo, tu es un peu antipathique.

H : Deuxièmement, tu n'es pas une bonne copine...

W : Mais... qu'est-ce qui vous prend, à la fin ?

T : Allez, c'est une blague ! C'était juste pour tester ton sens de l'humour !

Comment faire si…

Les parents d'une de tes amies se séparent ?

- Commence par te mettre au travail : il est temps de montrer ce que tu vaux comme amie fidèle !
- Serre-la fort dans tes bras quand tu vois qu'elle n'a pas le moral. Souvent, un geste d'affection vaut mieux que de longs discours.
- Montre-toi disponible si elle a besoin de parler, même si tu avais prévu de faire autre chose.
- Si tu la vois particulièrement démoralisée et que ça t'inquiète, n'hésite pas à demander de l'aide à d'autres amies. L'union fait la force !

Tes parents se séparent ?

- N'hésite pas à leur parler des doutes et des peurs que tu pourrais avoir.
- Ne profite pas de la situation pour créer des troubles supplémentaires en famille. Au contraire, montre-leur que tu as la tête sur les épaules. Ça fera beaucoup de bien à tout le monde, toi la première !
- Évite de prendre parti pour l'un ou pour l'autre. Autrement dit, ne te mêle pas de leurs conflits !
- Souviens-toi toujours que, si tes parents ne s'aiment plus, l'amour qu'ils ont pour toi reste entier.

chapitre quatorze

« Je ne suis plus une petite fille ! »

Vie de Witch

Dimanche matin, les Witch au grand complet sont réunies chez Cornelia.

I : Chouette ! Nous avons la maison à disposition jusqu'à ce soir !

C : Oui, mais vous avez entendu mes parents ? Ils n'en finissaient plus avec les recommandations !

I : « Attention au gaz, fermez à clé si vous sortez… »

W : Pourtant, ils devraient nous faire confiance… Nous ne sommes plus des petites filles !

T : Il faudrait le leur prouver !

H : Oui, mais comment ?

T : Par des preuves concrètes. Des photos où l'on voit qu'on sait s'en sortir sans eux.

H : C'est une idée géniale, Taranee. Il est grand temps qu'ils comprennent que nous avons grandi !

<u>**Au bout de nombreuses recherches et sélections diverses, quelques jours plus tard, les Witch se réunissent chez Will.**</u>

W : L'album est prêt. Ça va être un succès, je le sens !

H : Notre sélection de photos est parfaite pour les parents !

W : C'est indéniable : dans ces situations-là, nous nous en sommes sorties comme des chefs. Il y a eu des moments de panique, mais nous les avons surmontés !

I : Je ne m'étais jamais rendu compte à quel point la vie des adultes est fatigante. Certes, j'envie leur liberté, mais... tout compte fait, être prise en charge par les parents pour ce qui est de préparer le dîner et faire la vaisselle, ce n'est pas mal non plus !

C : Tranquille, Irma ! C'est le stress des débutants. Quand nous serons des « adultes professionnels », ce sera simple comme bonjour !

W : Hum... j'espère. J'avoue qu'après avoir passé un après-midi aux fourneaux, je comprends mieux ma mère quand elle n'a pas envie de cuisiner ! Les parents n'ont pas à demander de permissions à qui que ce soit, mais leur vie n'est vraiment pas de tout repos ! Bon... Que diriez-vous de faire un saut à la cuisine ? En vous attendant, j'ai préparé un gâteau.

I : Oh, non !

W : Pourquoi ? Qu'as-tu contre mes gâteaux ?

I : Contre les gâteaux, rien du tout, mais quant à la cuisine, cette fois, je préfère que tu appelles une entreprise de nettoyage ! Vite, les filles, filons, avant qu'il ne soit trop tard !

« On s'en sort comme des chefs ! »

Cornelia version « teinturière »

« Quand on ne nous l'impose pas, faire la lessive c'est moins fastidieux »… surtout s'il n'y a personne pour le faire à notre place ! En colonie de vacances, Cornelia n'avait plus rien de propre à se mettre. Après un instant de panique, elle s'est armée de lessive et a tout lavé. En voici la preuve !

Hay Lin version « aventurière »

« Si je veux, je suis capable de NE PAS me perdre ! » Hay Lin ne pouvait pas manquer le Festival de science-fiction, quitte à y aller seule parce que ses amies n'en avaient pas envie. Pour quelqu'un qui, comme elle, arrive à se perdre dans sa propre chambre, le trajet a été le parcours du combattant... Pourtant, armée de plans de la ville et de notes diverses, elle est arrivée à destination !

Taranee fait ses excuses

« Je ne suis pas si mal élevée… » Taranee, restée seule à la maison, en a profité pour inviter des copines pour un après-midi « causette et musique ». Malheureusement, les morceaux de Karmilla déchaînent les passions et… le volume ! Résultat : des voisins furieux ! Consciente d'avoir exagéré, Taranee est allée s'excuser auprès d'eux avec un superbe bouquet de fleurs. La classe !

Will et Irma aux fourneaux

« Si je reste seule, je ne mourrai pas de faim. » Will a voulu préparer un repas complet avec un grand gâteau au dessert. Le résultat n'était pas digne d'un cordon bleu, mais il était quand même mangeable. Irma était censée être goûteuse, mais elle a fini par se retrouver aide-cuistot et femme de ménage, avec la tâche ingrate de remettre la cuisine en état…